AF312826

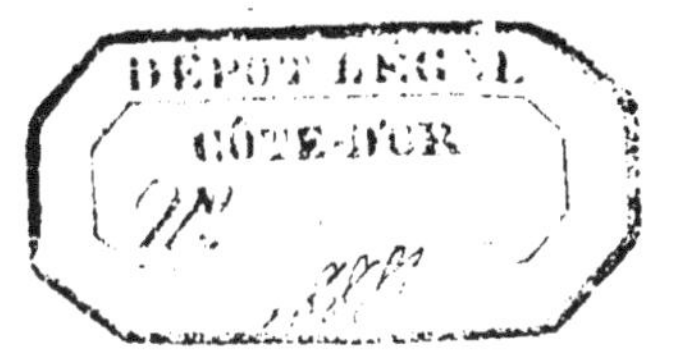

PAUL ESDOUHARD

NOTICE HISTORIQUE

SUR LE

Portrait de Monge

PLACÉ

A L'HOTEL DE VILLE DE BEAUNE

A DIJON

CHEZ DARANTIERE, IMPRIMEUR

65, Rue Chabot-Charny, 65

1888

NOTICE HISTORIQUE

SUR LE

PORTRAIT DE MONGE

AU LECTEUR

Nous _avons eu la bonne fortune de découvrir deux lettres de Jean Naigeon, peintre beaunois, relatives au portrait de Monge,_ lequel, après mille vicissitudes — qui sont l'objet de cette notice — est placé aujourd'hui dans la salle du Conseil municipal de la ville de Beaune.

Ces lettres nous ont engagé à rechercher tout ce qui pouvait se rattacher à cette œuvre remarquable.

Gandelot, dans la préface de son Histoire de Beaune, _se révolte contre les auteurs qui appellent notre ville_ une bicoque, une ville d'hier ou d'aujourd'hui ; _il n'a pas tort._

Il est certain qu'à la fin du siècle dernier, il y avait à Beaune un mouvement artistique et littéraire très accentué : pour ne parler que de quelques noms, citons, pour la peinture, Naigeon et Prud'hon,

attiré à Beaune par le baron de Joursanvault ;
Bonnet, *qui sculpta un grand nombre de bustes très*
appréciés ; Gandelot, *le premier historien de Beaune ;*
l'abbé Roze *auquel notre collégiale doit des messes à*
grand orchestre d'une haute valeur ; enfin Monge !

Ces quelques noms témoignent que Beaune était un
centre d'études et qu'il en sortait des hommes d'un
réel talent et même de génie.

Dans cette notice, nous avons réuni deux illustra-
tions de notre pays, Monge et Naigeon ; pour nous
autres Beaunois, l'œuvre du peintre reçoit un lustre
plus grand de la réunion intime et constante de deux
personnalités éminentes dont nous tirons gloire.

Nos recherches nous ont amené à aborder certains
points délicats. Nous avons conscience de les avoir
traités de façon à ne froisser aucune susceptibilité,
même la plus chatouilleuse. Il nous eût été facile,
grâce à nos sympathies politiques, d'excuser les uns
et de blâmer les autres ; nous n'en avons rien fait.
Nous sommes resté dans notre rôle d'historien impar-
tial — mot bien gros pour un opuscule semblable —
nous espérons que le lecteur nous en saura gré.

P. E.

ONGE était, en 1811, à l'apogée de sa gloire et de sa renommée : sénateur de Liège, comte de Péluse, grand officier de la Légion d'honneur et de la Réunion, ayant un majorat en Westphalie, ancien ministre de la marine de la République, membre de l'Institut pour l'Académie des Sciences, fondateur de l'Ecole polytechnique, pour laquelle il eut toute sa vie un amour paternel, il n'avait plus rien à désirer, plus rien à envier.

Beaune, sa ville natale, s'enorgueillissait à juste titre d'un fils d'une valeur si haute et si incontestée; aussi voulut-elle posséder l'image de celui qui faisait sa gloire.

Des relations de sympathie et d'affection unissaient Monge à M. Édouard (1), maire de Beaune ; aussi ce dernier se faisant l'écho du désir de ses concitoyens, chercha-t-il, parmi les peintres les plus en vue et les plus célèbres, celui qui conviendrait le mieux pour rendre les traits du comte de Péluse.

Il fit appel à Naigeon (2).

Le choix de l'artiste était bien fait pour satisfaire les habitants de Beaune ; Naigeon était leur

(1) Edouard (Jean-Baptiste), né à Puligny (Côte-d'Or), le 12 juin 1764, mort au même lieu le 26 octobre 1836 fut plusieurs fois maire de Beaune, en 1801 d'abord, puis pendant tout le premier empire et enfin aux Cent-Jours ; député en 1815 il vota pour Napoléon II. Louis XVIII lui enleva la croix de la Légion d'honneur que l'Empereur lui avait remise ; Louis-Philippe la lui fit rendre par le préfet de la Côte-d'Or, M. Chaper, en présence de toute la garde nationale, pour donner plus d'éclat à cette juste réparation. *Éphémérides biographiques*, Ch. Aubertin.

(2) Naigeon (Jean), peintre, né à Beaune, le 9 avril 1757, mort le 22 juin 1832. MM. Muteau et Garnier, dans leur *Galerie bourguignonne*, ont confondu notre compatriote Jean Naigeon avec Jean-Claude Naigeon, né à Dijon le 12 décembre 1753 et mort dans cette même ville le 11 janvier 1832. M. Louis Morand, dont nous avons consulté le travail sur le *Baron de Joursanvault et les artistes bourguignons*, nous renseigne de la façon la plus catégorique sur ce point. Plus d'un biographe, devant cette similitude de prénoms, de noms et d'époques a attribué à l'artiste dijonnais les traits de la vie et les œuvres du peintre beaunois et vice versa.

compatriote et son talent le classait, malgré sa modestie, parmi les plus renommés.

Naigeon se montra très sensible à l'honneur qu'on lui faisait et mit tout son génie et son cœur dans cette œuvre patriotique.

La lettre même de Naigeon adressée à M. Édouard, maire de Beaune, dira mieux que nous ne saurions le faire tous les faits relatifs au portrait de Monge.

« Paris, le 26 septembre 1811.

« Monsieur le Maire,

« J'ai fait partir lundi 23, par Lafouge, le
« portrait de notre illustre compatriote ; j'espère
« qu'il arrivera assez à temps pour que la famille
« soit présente à son inauguration ; vous pour-
« riez prier Mme la comtesse Monge de retarder
« son départ de quelques jours. Cet ouvrage
« m'a pris plus de temps que je ne le croyais,
« non seulement par la difficulté de peindre
« presque de mémoire les traits de génie et de
« bonté qui composent la physionomie de
« Monsieur Monge et par tous les détails et les

« soins que je me suis plu à donner par l'amitié
« que j'ai pour la personne et pour me rendre
« digne de l'homme célèbre qui illustre notre
« pays et du magistrat chéri qui en a ordonné
« l'ouvrage.

« Je l'ai peint chez lui venant de quitter son
« cabinet pour aller au Sénat ; j'ai voulu, pour
« ma satisfaction, avant que de l'envoyer, le faire
« voir ; je l'ai exposé un jour de séance du Sénat ;
« une grande partie des membres, dont un par-
« ticulièrement, le président, en ont été très
« satisfaits et l'ont trouvé parfaitement ressem-
« blant ; tous ceux qui l'ont vu, ainsi que les
« artistes, entre autres David (1), le plus célèbre,
« non seulement m'a témoigné sa satisfaction
« mais a voulu la manifester par écrit avec un
« crayon derrière le portrait ; je vous avoue que ma
« modestie l'aurait empêché si ce n'eût été pour
« votre satisfaction comme homme public, pour
« justifier encore mieux le choix que vous avez
« fait. Il aurait fallu qu'il eût été reverni pour

(1) David (Jacques-Louis), peintre né à Paris le 30 août
1748, mort exilé à Bruxelles le 29 décembre 1825. Auteur
de tableaux célèbres, tels que les *Sabines*, les *Horaces*,
le *Serment du jeu de paume*, le *portrait de Pie VII*, etc.

« voir tout l'effet, mais cela ne se peut faire que
« dans un an, mais on pourra mettre en atten-
« dant un blanc d'œuf. Je vais joindre deux
« mots pour que l'ami Bonnet (1) fasse cela.
« Je désire que vous soyez satisfait comme vous
« le méritez.

« Votre dévoué compatriote,

« NAIGEON, L. »

« Le prix du tableau, compris les frais de
« modèles, mannequin, est de mille francs.
« Je vous prie de présenter mes hommages
« respectueux à madame Édouard et à monsieur
« et madame la comtesse Monge (*sic*).

Qu'on nous permette d'ajouter ici la note de
l'ami Bonnet, ce détail, pour insignifiant qu'il
soit, n'en est pas moins curieux à connaître.

« Le cadre du portrait de M. Monge est au
« juste de 6 fr. 25 le pied, il produit dix-neuf

______

(1) Bonnet (Jean-Louis), sculpteur et professeur de
dessin, né à Beaune le 21 octobre 1754, mort dans la
même ville le 22 novembre 1840. On a de lui, à l'église
Notre-Dame de Beaune, la statue de saint Michel, deux
grands crucifix. Il sculpta des bustes très remarqués
dont deux de lui-même; il excellait dans la sulpture
ornementale et dans la décoration des intérieurs.

« pieds qui fait celle de. . . . . . .   123 fr. 50

« Pour l'assemblage du cadre

« dans les angles.   2   »

« Déboursé pour faire le vernis,

« tant les œufs que le sucre candi.   »   75

Total. . . . .   126 fr. 25

« Pour acquit,

« Bonnet père et fils. »

Pour diverses raisons, peu intéressantes à relater, l'inauguration fut retardée, Mme la comtesse Monge n'assista donc pas, comme le désirait Naigeon, à la cérémonie projetée en l'honneur de son mari.

Le 21 décembre 1812, à dix heures du matin, le conseil municipal, sur l'invitation de son maire se réunit extraordinairement, au Chapitre dans la grande salle de la bibliothèque ; la séance ouverte, le maire, M. Édouard, s'avança près du portrait de Monge, et, enlevant le voile qui le couvrait, prononça les paroles suivantes :

« Messieurs,

« Il naquit dans nos murs, le 10 mai 1746, le
« mathématicien célèbre qui a porté si loin les

« progrès des sciences exactes, le fonctionnaire
« qu'honore le choix du monarque et qui se-
« conde si bien ses sublimes conceptions, le
« citoyen si dévoué à la patrie, le père de famille
« si tendre et si respectable, cet homme ver-
« tueux, élève de notre collège, il se distingua
« toujours parmi ses condisciples ; il n'avait pas
« fini ses études qu'il leva le plan de notre ville
« avec une exactitude et une précision qui le
« rendent vraiment précieux et à peine eut-il
« quitté les bancs de l'école qu'il fut nommé
« professeur à l'école militaire de Meizières.
« Doué d'un génie profond, d'une conception
« vive, d'un jugement sûr, d'une application
« forte, il ne perdit jamais un moment ; aussi
« les sciences lui doivent-elles des ouvrages d'un
« rare mérite ; la *Géométrie descriptive*, l'*Analyse
« appliquée à la géométrie*, la *Statique*, plusieurs
« mémoires sur la physique.

« En 1792, il fut ministre de la marine et
« des colonies, il inventa les moyens de centu-
« pler la fabrication journalière des poudres et
« salpêtres, il fut l'un des fondateurs de l'Ecole
« polytechnique. C'est à lui que nous devons la
« concession et l'ouverture de ce précieux dépôt

« littéraire. Aussi est-ce là que nous allons pla-
« cer son portrait ; il y sera un monument per-
« pétuel de notre reconnaissance et un puissant
« motif d'émulation pour l'étude, je vous en
« propose, en conséquence, l'inauguration. »

Ce discours fut vivement applaudi de tous les assistants, puis on plaça le portrait dans l'endroit le plus apparent de la bibliothèque.

Le procès-verbal de cette séance fut signé par tous les invités (1) et envoyé à Son Excellence M. le sénateur Monge.

Chacun put à loisir admirer l'œuvre de Naigeon, d'une ressemblance si frappante ; l'inscription de David attira la curiosité, fut commentée par tous et approuvée comme l'expression vraie de cette peinture magistrale.

(1) Les invités étaient : MM. Edouard, maire, président ; Moissenet, adjoint ; Morelot, adjoint ; Barberet, Blondeau, Bouchard, Brunet, Caillet, Dorey, Edouard aîné, Fouquerand aîné, Gauthey, Gillet, Labaume, Lamarosse, Larcher, Lobot, Rougeot, Rozet, Torchin et Voillot, membres du conseil municipal ; Bachey, conseiller municipal et président du tribunal de première instance ; Hugot, conseiller municipal et substitut du procureur impérial ; Latour, conseiller municipal et juge de paix ; Pascal, conseiller municipal et juge au tribunal de commerce ; Chantrier, procureur impérial ; Gillotte, juge ; Jousseau, commissaire de police ; Pillot, secrétaire de la mairie ; Durand, bibliothécaire.

Dans la partie supérieure gauche et interne du tableau le peintre des *Sabines* avait tracé à la craie et d'une main ferme :

On ne peut mieux.

Dd.

Cette inscription est restée, après soixante-dix-sept ans, aussi nette et aussi lisible que le jour où, dans un élan d'enthousiasme, David l'inscrivait pour l'éloge de notre compatriote. Depuis cette séance d'inauguration le souvenir s'en était perdu.

M. Jules Pautet (1), le savant bibliothécaire, qui avait pris soin de placer une note au revers du portrait à droite n'avait pas dû remarquer les caractères tracés en blanc sur la toile grise, car il en aurait sans doute fait mention.

(1) Pautet (J.-F.-Jules), né à Beaune en 1799, mort à Paris le 20 juillet 1870, composa plusieurs notices, entre autres celle de Monge ; fonda à Beaune *la Revue de la Côte-d'Or et de l'ancienne Bourgogne ;* fut nommé, en 1838, conservateur de la bibliothèque, emploi qu'il remplit pendant treize ans. Il fut l'un des fondateurs de la *Société d'histoire et d'archéologie* de Beaune dont M. Guillemot fut le premier président, Jules Pautet fut aussi plusieurs fois sous-préfet, à Gex, à Marvejols, puis à Sisteron.

Voici d'ailleurs la note de M. Jules Pautet :

« Portrait de Gaspard Monge, comte de Pé-
« luse, né à Beaune, peint par Naigeon, de
« Beaune, qui fut conservateur du Musée du
« Luxembourg, à Paris ; ce portrait fut exécuté
« sur la commande de la ville, M. J.-B. Édouard
« étant maire, et payé *deux mille* francs, des
« deniers municipaux.

« Installé dans la salle de la bibliothèque, au
« Chapitre, puis enlevé pendant la Restauration,
« il fut, à la révolution de juillet, placé à
« l'Hôtel de Ville, salle du Conseil municipal,
« et enfin réintégré dans la salle de la biblio-
« thèque, à la demande de M. Jules Pautet,
« bibliothécaire.

« En plaçant cette inscription nous l'avons
« scellée du sceau de la bibliothèque et de notre
« sceau particulier.

« Jules PAUTET. »

M. Jules Pautet commet une erreur en disant
que Naigeon a reçu *deux mille francs* pour son
œuvre, quand celui-ci déclare n'en demander
que *mille*.

Une seconde lettre de Naigeon nous rensei-
gnera mieux encore sur ce point.

« Paris, le 28 mars 1812.

« Naigeon, peintre, conservateur des
  « galeries des tableaux du Sénat, à
  « M. Édouard, maire de la ville de
  « Beaune.

« Monsieur,

« J'ai l'honneur de vous assurer que j'ai reçu,
« comme vous me l'aviez annoncé par votre
« lettre du 3 janvier, de M. Champy frère, à
« son passage à Paris, les *huit cents* francs en
« payement du tableau de M. le sénateur Monge ;
« il a dû vous en remettre la quittance. Je suis
« charmé que le portrait fasse plaisir au public
« et que vous en ayez de la satisfaction ; il me
« reste à vous en faire des remerciements et à
« vous renouveler les sentiments de la haute
« considération avec lesquels

  « J'ai l'honneur d'être, Monsieur le Maire,
  « Votre très-humble et très-obéissant ser-
  « viteur.

« NAIGEON, L. »

« J'ai l'honneur de présenter mes respects à
« Mme Édouard et des compliments à MM. Gillet,
« Chantrier, Bonnardot. »

Ce n'est donc pas *mille* francs, prix demandé
d'abord, mais *huit cents* qui furent payés à l'artiste
beaunois. Il est probable que M. Édouard, mé-
nager des deniers de la ville, fit appel au désin-
téressement et surtout au patriotisme de notre
compatriote pour obtenir une réduction, que
celui-ci accorda volontiers.

Comme nous l'avons dit plus haut, le procès-
verbal de la séance fut envoyé au comte de
Péluse, signé de tous les membres présents à la
cérémonie ; Monge, très sensible et très touché
de la marque de sympathie que lui donnaient ses
concitoyens, les remercia, en priant le maire
d'être son interprète auprès d'eux.

« Paris, le 3 mars 1813.

« Mon cher Monsieur le Maire,

« J'ai reçu avec la plus vive reconnaissance l'en-
« voi que vous avez bien voulu me faire du pro-
« cès-verbal de l'inauguration que les autorités
« constituées de la ville de Beaune ont daigné

« faire de mon portrait dans la bibliothèque. C'est
« à vous principalement, Monsieur le Maire,
« c'est à l'amitié dont vous m'avez toujours
« honoré, que je suis redevable d'un témoignage
« aussi flatteur de bienveillance auquel je suis
« extrêmement sensible et que je regarde comme
« la plus douce et la plus honorable récompense
« du peu de bien que j'ai pu faire.

« Je n'ai jamais pensé sans attendrissement
« à la ville de Beaune ; non seulement elle est
« le lieu de ma naissance ; mais c'est dans ses
« établissements que j'ai reçu toute mon édu-
« cation et c'est aux exemples habituels de fran-
« chise et de loyauté que ses bons habitants
« n'ont cessé de me donner dans ma jeunesse
« que je dois quelques sentiments honnêtes que
« je n'ai jamais abandonnés. Je me suis toujours
« regardé comme de la famille et lorsque j'y
« reviens après une si longue absence, il est
« bien doux pour moi d'en être aussi bien reçu.

« Je vous prierai, mon cher Monsieur le
« Maire, d'être auprès de MM. les membres des
« autorités constituées de la ville de Beaune,
« l'interprète de ma reconnaissance et de ma
« grande considération.

« Agréez, je vous prie, les nouvelles assurances
« de mon ancien attachement.

                « Le comte de Péluse, MONGE. »

« P. S. — Je vais faire relier proprement
« quatre ouvrages que j'ai faits à différentes épo-
« ques ; j'y joindrai la collection des journaux
« de l'Ecole polytechnique, lorsque tout sera
« prêt, je prendrai la liberté de vous les adresser
« en vous priant d'agréer l'hommage que j'en
« fais à la bibliothèque de Beaune. »

L'intérêt et la curiosité que le portrait de
Monge avait excités tout d'abord allaient chaque
jour en s'affaiblissant pour tomber peu à peu
dans l'oubli.

Après l'abdication de Napoléon, les Bourbons
signalèrent leur retour par des mesures vexa-
toires à l'endroit des hommes qui avaient servi
la politique impériale ; Monge fut de ce nombre :
on lui retira ses dignités et son nom même fut
rayé des cadres de l'Institut !

Toutes ces vexations attristèrent l'âme de
Monge et jetèrent sur sa haute intelligence un
voile qui alla en s'épaississant jusqu'à sa mort,
arrivée à Paris le 20 juillet 1818.

Dès que la nouvelle de sa mort parvint à
Beaune, la municipalité décida qu'on ferait célé-
brer à Notre-Dame un service solennel pour le
repos de son âme ; elle fit distribuer le billet
d'invitation suivant :

« Messieurs,

« Vous êtes invités à assister au service funèbre
« qui sera célébré le 27 de ce mois, à dix heures
« du matin, à l'église Notre-Dame, en mémoire
« de M. Gaspard Monge, né à Beaune le 10 mai
« 1746 et décédé à Paris le 28 juillet 1818. »

Bien que ce billet n'indique pas de date, nous
n'hésitons pas à lui donner celle du mois d'août
1818. Monge meurt le 28 juillet et la lettre de
Mme Monge que nous citons ci-dessous, portant
l'indication du 3 septembre 1818, nous fait
croire que nous sommes dans le vrai.

La municipalité envoya à la veuve du comte
de Péluse l'expression de ses sentiments de dou-
loureuses condoléances et la prévint qu'un service funèbre serait célébré pour son illustre
époux ; Mme Monge accueillit cet acte de sympathie avec une vive reconnaissance et transmit

ses remerciements aux habitants de Beaune par l’intermédiaire de M. Édouard, ancien maire de Beaune, et ami de la famille Monge.

« Paris, ce 3 septembre 1818.

« Monsieur,

« J’adresse sous votre couvert ma lettre de « remerciement à Messieurs les habitants de « Beaune, persuadée que vous voudrez bien la « leur transmettre, je mettrai dans mes archives « la lettre qu’ils m’ont fait l’honneur de m’adres- « ser, à côté de la délibération du Conseil mu- « nicipal de Beaune, pour l’inauguration du « portrait, ce sont des titres dont je me glorifie « et qui portent dans mon cœur ulcéré de la « consolation.

« Je vous prie d’offrir à vos dames mille « choses affectueuses de ma part.
« J’ai l’honneur d’être,
« Monsieur,
« Votre humble servante.

« Veuve MONGE. »

Cette cérémonie, suprême hommage rendu à

la mémoire de Monge par ses compatriotes, était une nouvelle preuve de l'affection que la ville portait à son illustre fils.

L'œuvre de Naigeon semblait, comme nous l'avons dit plus haut, oubliée à la bibliothèque, quand, à une date qu'il nous est impossible de préciser d'une façon certaine, mais que nous n'hésitons pas à fixer après 1823, le bibliothécaire, M. Durand, reçut cet ordre étrange, qu'il relate dans la note suivante :

« Par ordre supérieur, qui m'a été donné *ver-*
« *balement*, le portrait de M. Monge a été enlevé
« et déposé dans une *armoire* de la bibliothèque
« et le 16 décembre 1826, M. le Maire de
« Beaune (1), accompagné du sieur Douche et
« son fils, menuisiers, le portrait a été enlevé
« de nouveau et porté de suite chez M. Morelot
« père, chirurgien à Beaune, qui a déclaré vou-
« loir en faire cadeau à la famille Monge.

« Beaune, le 16 décembre 1826.

« DURAND. »

(1) M. Routy de Charodon, maire de 1823 à 1830.

Il faut regretter le sentiment qui fit oublier qu'en Monge il y avait deux hommes bien distincts, le savant illustre et le patriote dont les sentiments religieux et les aspirations politiques étaient en désaccord avec les idées du gouvernement de la Restauration. Lors de l'inauguration de son portrait on n'avait vu en lui que l'homme dont les travaux et la science faisaient la gloire de la ville qui s'enorgueillissait de lui avoir donné le jour. Nous devons aussi déplorer le moment d'erreur qui égara les esprits au point de leur faire reléguer dans une armoire, comme une insignifiante image, le portrait d'un homme d'une aussi haute valeur et qui avait manifesté en tant d'occasions son amour pour sa ville natale, soit en protégeant et en accueillant avec faveur ceux de ses compatriotes qui s'adressaient à lui, soit en la comblant de bienfaits.

Le portrait fut donc, après son internement dans l'armoire de la bibliothèque, rendu à Mme Marey-Monge et resta en sa possession jusqu'après la révolution de juillet 1830.

Revenant à des sentiments plus justes et plus reconnaissants envers le grand homme qui avait illustré la ville, la municipalité résolut de replacer

le portrait de Monge dans le lieu d'où on n'aurait jamais dû l'enlever.

Des démarches furent tentées à cet effet.

M. Antoine Bouchard-Dechaux, membre du
Conseil municipal, fut chargé de négocier cette
délicate affaire avec Mme Marey-Monge ; celle-ci
opposa au vœu de la ville de grandes difficultés,
ne se souciant pas, disait-elle, de voir le portrait
lui revenir une fois encore.

M. Bouchard insista si bien qu'il finit par faire
céder les légitimes hésitations de Mme Marey-
Monge à se dessaisir du portrait de son
père.

Le portrait fut donc replacé par les soins de
la municipalité dans la salle du Conseil municipal, puis, ainsi que le dit M. Jules Pautet dans
sa note, il fut à sa demande réintégré dans la
bibliothèque (1).

Après tant de vicissitudes, l'œuvre de Naigeon
a quitté la bibliothèque et est placée aujourd'hui

(1) La bibliothèque était installée au Chapitre, lors de
l'inauguration du portrait de Monge en 1812 et fut trans-
férée à l'Hôtel de Ville en 1833 ; c'est donc dans ce nouveau local que le portrait fut placé après avoir orné la
salle du conseil municipal.

dans la salle des séances du Conseil municipal (1) où chacun peut aller prendre auprès de lui les enseignements et l'exemple d'une vie entièrement consacrée à la science et à sa propagation.

(1) La salle des délibérations du Conseil municipal est contiguë au Musée et elle reste ouverte au public ; on s'est efforcé d'y réunir les portraits des illustrations du pays beaunois, telles que Carnot, Gandelot, J.-L. Bonnet, le baron de Joursanvault, etc.

Dijon. Imprimerie Darantiere.

9 782329 602240